LA
PRESQU'ILE PERRACHE
ET LA
VILLE DE LYON.

LA

PRESQU'ILE PERRACHE

ET LA

VILLE DE LYON.

Réponse

A UNE NOTE
RÉCEMMENT ADRESSÉE A M. LE MINISTRE DE LA GUERRE
ET AU GÉNIE MILITAIRE.

LYON.

IMPRIMERIE DE LOUIS PERRIN,

GRANDE RUE MERCIÈRE, N° 49.

1832.

RÉPONSE

A UNE NOTE
RÉCEMMENT ADRESSÉE A M. LE MINISTRE DE LA GUERRE
ET AU GÉNIE MILITAIRE.

On ne doit pas laisser inaperçu un nouveau mémoire que les spéculateurs de Perrache viennent d'adresser à M. le Ministre de la guerre : leur plan y est naïvement exposé; priver Lyon de la communication du nord au midi de la France établie dans ses murs, est à présent le but qu'ils se proposent.

Lyonnais, votre attention doit enfin être éveillée : il est temps que vous preniez part à la gestion de vos affaires; chaque jour va vous révéler de nouveaux désastres nés des spéculations établies à Perrache.

Cette presqu'île eut, il y a vingt ans, une

haute destination : un palais impérial devait y être construit; mais son sol marécageux et souvent inondé fit reculer devant ce projet, et l'entreprise ne fut pas réalisée.

La ville de Lyon redevint propriétaire de Perrache ; c'était à une époque où se développaient de tout côté des projets d'agrandissement : on spéculait sans mesure sur les terrains à bâtir, et ceux qui étaient en position de connaître les travaux que préparait l'administration, établissaient sur le point désigné leurs spéculations ; puis , à propos des affaires de la ville, ils fesaient les leurs.

On en trouve la preuve à côté de tous les travaux entrepris à Lyon pendant un certain temps.

On opéra ainsi pour la presqu'île Perrache.

L'ambition , toutefois , ne mit pas d'abord ses projets à découvert : il eût été trop révoltant d'afficher l'intention de priver Lyon de ses établissements , et de créer , comme on le prétend aujourd'hui, une ville nouvelle, en déplaçant l'ancienne ; on eût soin d'annoncer que la presqu'île Perrache ne devait recevoir que les usines et les ateliers qui ne pouvaient être placés ailleurs. Les ventes de terrains portèrent pour condition de créer un établissement industriel ; les acquéreurs connurent ainsi, dès l'origine , l'objet et la portée de leurs spéculations ; plusieurs se conformèrent aux clauses de leur contrat, et l'on vit successivement s'élever à Perrache des fours à plâtre, des moulins à vapeur ; le chemin de fer y prit son point de départ, et une vaste gare y ouvrit un abri à la navigation.

La presqu'île reçut, par là, une destination bien déterminée, elle était conforme à sa position, et la ville, loin d'avoir à en souffrir, devait y trouver un nouvel élément de prospérité. Pourquoi cette destination n'est-elle pas conservée ?

Les achats de terrains à bâtir ont à Lyon, comme partout ailleurs, donné des pertes au lieu des bénéfices qu'on en attendait ; les acquéreurs placés au *nord*, aux *Brotteaux*, à *Serin* et à *La Guillotière* supportent leur position, mais à Perrache on cherche à sacrifier la ville entière à des spéculations particulières.

Cette prétention date de deux années ; elle est venue de certains points d'appui que les spéculateurs ont rencontré dans leurs sollicitations, et elle se nourrit encore de quelques intrigues, auxquelles on a vainement tenté d'intéresser de grands personnages qui les ont repoussées (1).

(1) Voyez les explications données par M. Bouvier du Molard et la réponse de M. le Ministre de l'Intérieur.

Dans leurs projets les spéculateurs de Perrache parlent sans cesse d'augmenter la valeur des terrains que la ville possède dans la presqu'île ; ce genre de propriétés est à leurs yeux *une poule aux œufs d'or*. Mais qui ne voit que c'est pour eux qu'ils veulent la faire nourrir avec une prodigalité sans mesure ? Il faut en effet d'énormes dépenses pour les remblais, et l'assainissement de Perrache ; chaque année y a vu enfouir des trésors presque sans utilité ; la prévoyance a été en cela tellement mise à l'écart, qu'on n'a pas craint de se livrer à des emprunts pour cette dépense.

Un tel système ne pouvait qu'être ruineux, cependant on propose de continuer à le suivre : peu importe aux spéculateurs que les finances de la ville aillent s'engloutir dans un abyme sans fond. Cette abyme est à Perrache ; d'après eux il faut tout y porter pour le combler.

Un monument, le palais de Justice, que sa destination seule a dû faire placer au centre des communications, allait être reconstruit ; les décisions prises depuis vingt années s'accordaient toutes pour le faire conserver dans la belle position qu'il occupe, quand l'intérêt personnel est venu suggérer à quelques propriétaires des terrains du midi qu'il fallait le bâtir aux portes de la ville, dans un quartier désert.

Aujourd'hui, un autre genre de manœuvres est employé : ce n'est plus le quartier de l'ouest seul que les spéculateurs de Perrache veulent ruiner ; c'est la ville de Lyon, ce sont les communes de *Vaise*, de *La Croix-Rousse* et de *La Guillotière* qu'ils tentent dans leur nouveau projet de faire sacrifier.

Leur nouvelle intrigue se fonde sur la plus étrange des conceptions ; ils disent au gouvernement : Vous avez à craindre des émeutes, les journées de novembre vous l'ont appris ; hâtez-vous de préparer la résistance et de vous prémunir contre la population lyonnaise ; changez les routes par lesquelles on communique avec Lyon ; mettez vos soldats hors de tout contact avec ses citoyens, que la force militaire puisse se mouvoir autour d'eux sans craindre aucun obstacle ; pour cela faites à Perrache des établissements militaires, et créez dans la presqu'île un embranchement de route qui communique du nord au midi sans passer par *La Guillotière*, par *Lyon* et par la commune de *Vaise* ; deux ponts sont nécessaires pour réaliser ce projet, mais des compagnies dont le *noyau est déja formé* se présenteront pour les construire, *moyennant un péage*, et sous la condition *qu'on bâtira à Perrache le palais de Justice.*

Autrefois Perrache se contentait du palais de Justice; à présent il lui faut davantage. Ce monument que l'ouest à justement conservé, est bien le prix demandé, mais à cette condition deux ponts construits, l'un sur la Saône, l'autre sur le Rhône, priveront la ville de la traversée du midi au nord de la France, principal élément de sa prospérité.

Voilà, Lyonnais, ce que demandent, avec le palais de Justice, les spéculateurs de Perrache! On ne craint pas pour l'obtenir d'exploiter les malheurs des journées de novembre; on vous place dans un état permanent de suspicion; on veut perpétuer le souvenir et les traces d'une fatale époque, en élevant une barrière entre le gouvernement et la masse des citoyens, qui ne peut être réputée coupable des fautes d'une minorité; heureusement Lyon ne peut avoir à trouver grace devant le pouvoir : sa vieille fidélité, son patriotisme suffisent pour confondre ses détracteurs. Constamment attachée aux intérêts de la patrie, cette grande cité en fera toujours la force, l'ornement et l'orgueil.

Voyons comment s'y prennent les spéculateurs de Perrache pour faire sacrifier les intérêts de sa population.

Perrache, disent-il, est une *position militaire;* là, les troupes et les établissements qui leur sont nécessaires pourront être réunis, et l'on trouvera sur ce point une résistance complète en cas d'émeute et de guerre étrangère.

Perrache, une position militaire ! non : son vaste terrain ne peut être un point de défense, ni contre une agression étrangère, ni dans le cas d'une rebellion à main armée; c'est une plaine enfoncée, dominée au *couchant* par le coteau de Sainte-Foi au nord, par la ville et par le faubourg de Saint-Irénée; de ces deux côtes on plonge sur la presqu'île, de manière à y rendre impossible les mouvements militaires.

Pour conserver Perrache en cas d'attaque, il faut défendre la presqu'île en même temps que la ville, et étendre de beaucoup le développement de la défense; ce qui ne peut donner que de l'avantage aux assaillants sans compensation pour les assiégés.

En cas d'émeute, Perrache, qui est à l'extrémité de Lyon, ne peut être un point qu'il soit utile d'occuper; en y plaçant les forces militaires, on livre la ville à elle-même, on ôte aux troupes toute espèce d'action; quand la guerre s'allume dans l'intérieur d'une ville, il faut que la force se trouve à côté du point d'attaque, que le soldat puisse, par sa présence, mettre obstacle à la rebellion avant qu'elle soit organisée. Que produira dans une émeute à Lyon la station des troupes à Perrache? rien autre qu'une agglomération sans force contre les désordres intérieurs, que deux camps séparés, dont l'un ne pourra rien empêcher, tandis que l'autre aura la ville à sa discrétion.

Mais entre ces deux camps sera, a-t-on dit, un vaste terrain qui, en les séparant, donnera aux soldats l'avantage d'attendre les rebelles comme en champ clos. Attendre! mais c'est précisément ce qu'il ne faut pas, quand il s'agit d'émeute : s'emparer des points menacés, disputer l'entrée des rues, l'arrivée des ponts, séparer les quartiers d'une ville, voilà la seule marche à tenir, voilà les moyens de repression.

Le système de défense mis en avant est si mal conçu qu'avec deux ponts à Perrache on ôterait à la presqu'île la défense que présentent les deux rivières; les deux ponts deviendraient un moyen d'agression sans qu'on pût les couvrir, puisqu'ils seraient dominés de toute part; une avancée de maisons y serait construite, et l'on tomberait ainsi dans le danger qu'on feint de vouloir éviter. Il en est bien autrement pour les communications actuelles de la ville de Lyon, des faubourgs considérables les couvrant : leur population remplit un espace étendu ; les ouvrages pratiqués en avant l'abritent, et l'armée a, au milieu d'elle, un énorme accroissement de force. Pourquoi séparer ces deux éléments d'une résistance commune ? Les émeutes sont des cas d'exceptions qui deviendront toujours plus rares; il est impolitique d'agir comme si l'on devait avoir constamment à les combattre.

Qu'on puisse établir à Perrache des ateliers de construction, des arsenaux, à cause de l'étendue de ses emplacements, cela peut être, si l'insalubrité de la presqu'île permet de les habiter sans danger ; mais en faire une position militaire, y porter en même temps les monuments et les institutions de la cité, un tel projet tient du délire !

« La défense de Lyon et le palais de Justice,
« quel rapprochement !... »

Cette réflexion se présente avec tant de force que les spéculateurs de Perrache n'ont pu la dissimuler ; ce cri de conviction leur est échappé au moment où dans leurs écrits ils cherchaient à le comprimer.

Comment en effet ne pas sentir que le palais de Justice ne peut être une des parties de la défense militaire qu'on propose d'établir à Perrache, que le construire à l'extrêmité de la ville, sur la place Louis XVIII, ce serait à la première guerre l'exposer sur le front d'attaque; que cette position en ferait, en cas d'émeute, un point d'occupation que se disputeraient les combattants; que les premiers boulets tirés par la ville seraient pour ce monument; que les tribunaux devraient être les premiers à fuir, et que leurs archives, si précieuses dans l'intérêt des familles, seraient compromises à chaque événement.

Le palais de Justice est à la seule place qui convienne à sa destination : il occupe l'un des côtés du bassin que forme la Saône dans l'intérieur de la ville; sa position, couronnée par le coteau de Fourvières et bornée par la rivière, offre à l'art tout ce qui peut embellir un chef-d'œuvre d'architecture. Ses abords sont faciles : devant lui s'étend la place de Roanne que traverse la route de Paris; deux rues latérales lui donnent entrée; au centre de la ville, il est à l'abri de toute agression; sa reconstruction en fera l'un des plus beaux monuments de l'époque actuelle. Le porter à Perrache, ce serait priver Lyon de l'embellissement qu'il doit y trouver; ce serait un acte de vandalisme.

Mais tout cela importe peu aux spéculateurs; ils sacrifient tout à leurs intérêts ; ils veulent changer les communications qui traversent Lyon, pour s'emparer des avantages commerciaux qui en résultent ; déplacer l'industrie, le roulage, les entrepôts, les hôtels, les auberges, toutes les professions qu'on trouve près des grandes routes et sur le chemin des voyageurs : voilà leur but; peupler leurs terrains déserts en ruinant la ville et son commerce, telle est leur ambition.

Signaler ce projet est uniquement ce qu'on s'est proposé dans cet écrit.

Habitants des communes de Vaise, de La Guillotière et de Lyon, soyez attentifs ; vos intérêts le commandent, et ceux que vous avez à combattre sont actifs et persévérants; défiez-vous de leurs menées; ils appellent leur importunité intérêt général ; ils déguisent leurs intrigues en disant que la *raison est pour eux*; mensonges frivoles, que le plus simple examen annéantit, que l'autorité administrative a constamment repoussé, auquel l'autorité militaire ne peut être favorable.

*

www.ingramcontent.com/pod-product-compliance
Lightning Source LLC
LaVergne TN
LVHW052041160826
845678LV00003B/1459

* 9 7 8 2 3 2 9 6 3 0 0 6 9 *